*Novena para superar a dor
provocada pela morte*

Felipe G. Alves

Novena para superar a dor provocada pela morte

EDITORA VOZES

Petrópolis

© 2009, Editora Vozes Ltda.
Rua Frei Luís, 100
25689-900 Petrópolis, RJ
Internet: http://www.vozes.com.br

Todos os direitos reservados. Nenhuma parte desta obra
poderá ser reproduzida ou transmitida por qualquer forma
e/ou quaisquer meios (eletrônico ou mecânico, incluindo
fotocópia e gravação) ou arquivada em qualquer sistema
ou banco de dados sem permissão escrita da Editora.

Diretor editorial
Frei Antônio Moser

Editores
Ana Paula Santos Matos
José Maria da Silva
Lídio Peretti
Marilac Loraine Oleniki

Secretário executivo
João Batista Kreuch

Editoração: Fernando Sergio Olivetti da Rocha
Projeto gráfico: AG.SR Desenv. Gráfico
Capa: Omar Santos

ISBN 978-85-326-3906-6

Editado conforme o novo acordo ortográfico.

Este livro foi composto e impresso pela Editora Vozes Ltda.
Rua Frei Luís, 100 – Petrópolis, RJ – Brasil – CEP 25689-900
Caixa Postal 90023 – Tel.: (24) 2233-9000
Fax: (24) 2231-4676

Introdução

Chorar pela morte de um parente ou amigo, todos choram. Até Jesus, por ocasião da morte de Lázaro. "Quando viu que Maria e todos os judeus que vinham com ela estavam chorando, Jesus se comoveu profundamente. E, emocionado, perguntou: 'Onde puseram o corpo de Lázaro?' 'Senhor, venha ver'– disseram-lhe. Jesus **começou a chorar**. Os judeus comentavam: 'Vejam como Ele o amava'" (Jo 11,33-36).

Jesus chorou; mas não ficou desesperado nem destruído. Maria Santíssima também chorou na morte de seu filho; mas sua fé na ressurreição deu-lhe a força de que ela precisava.

Essa novena foi escrita para que você, apesar de tudo, continue a viver, aumentando a sua fé na ressurreição, e para enchê-lo de esperança na vida eterna.

Faça essa novena, com calma, durante 9 dias, orando e meditando os textos bíblicos que vão aparecendo, na hora exata em que você precisar. Seu coração vai reviver e encontrar a força necessária para superar toda a sua angústia.

1º DIA – DERRAME SUA ALMA DIANTE DO BOM PAI!

Oração inicial (Reze um Pai-nosso (cf. início da novena) e trechos do Sl 27 (cf. final da novena).)

Carregando grande dor pela perda de alguém que você ama, clame ao Bom Pai: Meu Deus, meu Deus, por que me abandonou? Longe estão de valer-me as palavras de meus brados. Meu Deus, clamo de dia, e não respondes; de noite, e não encontro sossego.

Eu sou um verme e não mais um homem; o opróbrio dos homens e o desprezo do povo.

Não fique tão longe de mim, pois o perigo está perto e não há quem me ajude (Sl 22,2-3.7.12).

(*Grande era o sofrimento de Jó. Não só perdera a fortuna, a saúde, mas até mesmo todos os seus filhos, num só dia. Ele, sabendo ser puro e inocente, pergunta ao Senhor sobre o porquê de tamanha desgraça: "Por que tudo isso, meu Deus?" E o Senhor lhe responde, simplesmente fazendo-lhe perguntas:*)

O Bom Pai responde a Jó e também a você: Onde estava você, quando lancei os fundamentos da terra? Diga-me, se é que sabe tanto. Quem lhe fixou as dimensões? – se o sabe. Quem fechou com portas o mar quando irrompeu, jorrando do seio materno, quando lhe dava nuvens por vestimenta e névoas espessas por cueiros.

Por onde se vai à morada da luz, e onde fica o lugar das trevas? Deveria sabê-lo, pois já tinha nascido e grande é o número dos seus dias (Jó 38,4.8-9.19.21).

Para meditar: *(Pare e medite como você e Jó são por demais pequeninos para compreender os mistérios do Deus infinito! Quem poderá desvendar completamente o mistério da dor? Só de uma coisa você tem certeza: Já que Deus é bom, tudo irá concorrer para o bem de quem o ama, como ensina Rm 8,28.)*

Exemplo de Cristo: Jesus, como Deus, conhecia todas as coisas. Mas, como homem, era limitado, também diante de sua agonia e da morte na cruz. Mesmo assim, sabendo do amor do Bom Pai, nele Ele confiou e pediu que se cumprisse a vontade dele: "Então, Jesus disse aos apóstolos: 'Minha alma está triste até à morte. Fiquem aqui em vigília comigo'. Adiantou-se um pouco, prostrou-se com o rosto em terra e orava, dizendo: 'Pai, se for possível, afaste de mim este cálice; contudo, não se faça como eu quero, mas como o Senhor quer'. Voltou aos discípulos e os encontrou dormindo. E disse a Pedro: 'Não foram capazes de vigiar uma hora comigo? Vigiem e orem para não caírem em tentação. O espírito está pronto, mas a carne é fraca'. Afastou-se pela segunda vez e orou, dizendo: 'Pai, se este cálice não pode passar sem que eu dele beba, faça-se a sua vontade'" (Mt 26,38-42).

Sua resposta: Jesus, grande é a minha dor. Mas a sua foi maior. Mesmo assim, o Senhor sabia do amor de seu Pai e, por isso, tinha certeza que nas mãos dele poderia colocar a sua vida e se abrir totalmente à sua vontade. E a sua atitude está me enchendo de nova vida. Se o Bom Pai só deseja o meu bem, eu também me entrego nas mãos dele, repetindo as suas palavras: "Pai, faça-se a sua vontade". Não só me abro para fazer a sua vontade, como também lhe faço a minha oferta: "A pessoa que eu tanto amo e que arrebatada foi, essa pessoa eu lha ofereço. Eu a coloco, de livre vontade, em suas mãos. Ela lhe pertence. É sua. PODE GLORIFICÁ-LA NO CÉU!

Para terminar: Deus é nosso refúgio e fortaleza, socorro sempre pronto nos perigos.

Por isso não temremos, ainda que a terra se abale e os montes se afundem no seio dos mares, as águas se agitem e espumem e, com fúria, sacudam os montes.

O Senhor Todo-poderoso está conosco, o Deus de Jacó é nosso baluarte (Sl 46,2-5).

2º DIA – A VERDADEIRA VIDA NASCE COM A MORTE

Oração inicial (Reze um Pai-nosso (cf. início da novena) e trechos do Sl 27 (cf. final da novena).)

Palavra do Bom Pai: Meu filho, sei que você tem muitas dúvidas sobre a passagem para a eternidade. Hoje, eu lhe envio o meu anjo, para lhe dar as orientações de que você precisa. Abra o seu coração para ele!

Palavra do anjo bom: Paz e harmonia para você! Sei que você aspira a luz do conhecimento e eu fui enviado para iluminá-lo um pouco mais. Pode falar.

Você: Se a você me confiou a piedade divina, sempre me rege e guarde, governe e ilumine. Amém. Embora consciente de minha mortalidade, a morte não deixa de ter caráter hostil. Que sentido tem a morte para a vida?

Palavra do anjo bom: Você sempre pergunta pela eternidade. Em você dorme a esperança de um futuro luminoso. Sempre lutou por um crescimento ilimitado, em direção ao novo que nunca terá fim. No entanto, suas procuras enfrentam uma barreira: a morte. Mas você nasceu com um princípio-esperança para além dela. E assim você vive lutando contra tudo que o limita, contra o sofrimento, sobretudo contra a própria morte. Por isso, o cristianismo ensina que a verdadeira vida nasce com a morte. Assim, a oração de louvor, na missa pelos falecidos, continua afirmando que a morte não tira a vida, mas a transforma.

Você: Obrigado por sua sabedoria. Agora, deixe-me orar um pouco: "Obrigado, Bom Pai do céu, porque a morte é o verdadeiro nascimento. É como a pequena lagarta, que só rastejava. Ela rompe o casulo como uma linda borboleta, cheia de cores, para voar pelos campos e jardins cheios de flores. Obrigado porque Paulo nos esclarece mais, escrevendo: "Deus, que ressuscitou o Senhor, também nos ressuscitará a nós pelo seu poder" (1Cor 6,14). Como o Senhor é grande em poder e majestade!"

Palavra do anjo bom: Feliz de você que não olha a morte como um destino cego, mas como expressão da vontade do Pai! O teólogo Ladislau Boros, a quem muito admiro, escreve com otimismo sobre a passagem para uma vida melhor: "A origem propriamente dita da vida é a morte. O que acontece na morte de uma pessoa é mais admirável que sua criação. É um novo nascimento. Mas, por que é assim? Porque a vida surge da morte [...]. Na morte, o homem torna-se totalmente pessoa, e, por isso, somente na morte ele pode decidir-se plenamente".

Você: O que acontece com o homem, em sua totalidade, no momento da morte?

Boros: "Na morte se abre a possibilidade para o primeiro ato plenamente livre do homem. Dessa maneira, a morte é o lugar privilegiado do tornar-se consciente, da liberdade, do encontro com Deus e da decisão sobre o destino eterno".

Você: Bom Pai, eu creio que, quando a alma abandona o corpo, ela acorda repentinamente para sua espiritualidade pura, tornando-se plena de luz e claridade. Creio que neste mesmo instante ela encontra-se diante da totalidade do mundo e vê como nele irradia a luz do Senhor ressuscitado como último mistério. Creio que na morte, tal qual uma criança que ao nascer conhece um mundo maior que o das entranhas de sua mãe, eu vou nascer definitivamente. Então, conhecerei o mundo novo, pleno de luz, de cores, de amor e de felicidade. Creio no purgatório, embora ele não seja um lugar de sofrimento, nem um campo de concentração cósmico, pois na eternidade não há nem tempo nem lugar. Creio que ele é um instante de amor total que apaga todos os pecados e deficiências.

Para terminar: Só em Deus minha alma descansa; dele me vem a salvação. Só Ele é minha rocha e salvação e meu baluarte: jamais vacilarei (Sl 62, 2-3).

(Baseado no artigo de ZILLES, U. "A morte: destino último do homem?" [esteditora.com.br])

3º DIA – LOUVADO SEJA, MEU SENHOR, POR NOSSA IRMÃ A MORTE CORPORAL

 Oração inicial (Reze um Pai-nosso (cf. início da novena) e trechos do Sl 27 (cf. final da novena).)

Você: Bom Pai do céu, já que viver é uma graça, eu louvo o Senhor porque estou vivo e com muita sede de contemplá-lo. Por isso, espero o momento certo de deixar este mundo e me lançar em seus braços, cheio de amor e carinho. Feliz o momento em que experimentarei a total alegria de vê-lo com meus próprios olhos, na certeza de estar para sempre mergulhado no seu amor. Esta vida atual é linda; mas é felicidade que passa. A morte, pelo contrário, me conduz àquela felicidade que dura eternamente. Eu bendigo o Senhor porque, não sendo somente uma realidade última da existência humana, ela é algo que, fazendo parte da vida, nos lança ao ilimitado, a uma total liberdade.

Mensagem de São Francisco de Assis:
Paz e bem, meu irmão! Sabia que, quando a irmã morte já estava próxima de mim, eu comecei a louvar o meu Senhor? Então, eu escrevi mais essa estrofe e a encaixei em meu Cântico do Sol: "Louvado seja, meu Senhor, por nossa irmã a morte corporal, da qual homem algum pode escapar. Ai dos que morrerem em pecado mortal! Felizes os que ela achar conformes à sua santíssima vontade, porque a morte segunda não lhes fará mal!" Saudando a irmã morte, eu reconhecia que ela é uma realidade que não nos é estranha. A ela eu me abria por um ato de desapego total de meu eu, totalmente apaixonado pela doçura e ternura de meu Bom Pai do céu. Você também, no momento de ser recebido e abraçado pelo Bom Pai, cante, como eu cantei, a mais alta louvação que se possa fazer. Para mim e para você, a irmã morte não é algo estranho ou devastador. É o maravilhoso mergulhar na eternidade.

Você: Bendito seja o nome do Senhor que me faz acolher com serenidade e alegria minha irmã morte, pois ela é a porta da vida eterna! Bendito seja o nome do Senhor que me faz, através dela, nascer de novo, de modo definitivo, para a plena felicidade! Bendito seja o nome do Senhor que, através dela, faz-me entrar na plenitude da vida!

Mensagem de São Francisco de Assis: Você nunca conseguirá imaginar a maravilha que é o céu. "Nem o olho viu, nem o ouvido ouviu, nem jamais penetrou no coração do homem o que Deus preparou para os que o amam" (1Cor 2,9). E o bom Senhor me deu a graça de aqui ser transportado e ver o invisível e ouvir o inaudível. Nem a Bíblia consegue descrever o céu como ele é. Pinta-o, com numerosas imagens tiradas da experiência humana: Casa paterna, dia sem ocaso, glória celeste, luz, harmonia e outras mais. Ele, porém, é muito mais que isso.

Hino de louvor: O Senhor, que é minha força e meu vigor, foi também minha salvação. Brados de júbilo e de vitória ressoam nas tendas dos justos: "A destra do Senhor faz proezas, a destra do Senhor está erguida, a destra do Senhor faz proezas". Não morrerei, mas viverei para proclamar as obras do Senhor. Abram para mim as portas da justiça e entrarei para dar graças ao Senhor! Dou-lhe graças, porque me atendeu e foi minha salvação (Sl 118,14-17.19).

(Baseado no artigo de Frei Silvio João:
"Nossa irmã a morte"
[promapa.org.br])

4º DIA – GLORIOSO, CRISTO RESSUSCITOU. ALELUIA!

Oração inicial (Reze um Pai-nosso (cf. início da novena) e trechos do Sl 27 (cf. final da novena).)

Carregando a grande dor pela perda de alguém que você ama, clame ao Bom Pai: Pai, olhe para mim e veja o meu sofrimento. Aquele que eu amo foi tirado de nosso meio. Uma grande luz se apagou em minha vida. Um grande vazio tomou conta de meu coração. O pior é não saber nem onde nem como ele se encontra. Por misericórdia, acenda uma luz em meu caminho!

A Palavra de Deus como resposta: A ressurreição de Cristo traz sentido à nossa vida.

"Na tarde do mesmo dia, que era o primeiro da semana, estando trancadas as portas do lugar onde estavam os discípulos, por medo dos judeus, Jesus chegou, pôs-se no meio deles e disse: 'A paz esteja com vocês'. Dito isto, mostrou-lhes as mãos e o lado. Os discípulos se alegraram ao ver o Senhor. Jesus disse-lhes de novo: 'A paz esteja com vocês'" (Jo 20,19-21).

Palavra do Bom Pai: Filho, é claro que você acredita nesse fato estupendo que foi a ressurreição de meu filho Jesus. E acreditar na ressurreição dele não é também acreditar na sua ressurreição, na ressurreição daquela pessoa amada que partiu, na ressurreição de todos os meus filhos? Você não pode se esquecer de que a **ressurreição de Jesus é o penhor da ressurreição de todos**. Como se lê na 1ª Carta aos Tessalonicenses?

Você: "Irmãos, não queremos que ignorem coisa alguma a respeito dos mortos, para não se entristecerem, como os outros homens, que não têm esperança. Se cremos que Jesus morreu e ressuscitou, cremos também que Deus levará com Jesus os que nele morrerem" (1Ts 4,13-14). Que maravilha! Isto é a base para a minha esperança. Isto me leva a viver, desde já, essa vida nova do Ressuscitado, conforme sua revelação, em Romanos 6,4: "Com Ele fomos sepultados pelo batismo na morte, para que, assim como Cristo ressuscitou dos mortos pela glória do Pai, assim também andemos em novidade de vida".

Palavra do Bom Pai: A morte tentou laçar o meu filho; mas a ressurreição a venceu por completo: Ele, então, mergulhou na plenitude de vida; Ele mergulhou em minha glória. Agora nem dor, nem enfermidade, nem problema algum pode atingi-lo. Essa semente de glória já estava germinando também no coração de seu amigo que partiu, desde o momento em que ele foi batizado. E ela se tornou plenitude, no momento solene de sua morte e ressurreição.

Hino de louvor: Que poder não tem a fé! Eu creio na ressurreição de Cristo e na desse meu amigo. Por isso, Jesus, dentro de mim, pode cantar: "**Eis que faço novas todas as coisas.** – É vida que brota da vida; é fruto que cresce do amor; é vida que vence a morte; é vida que vem do Senhor. – **Eis que faço novas todas as coisas.** – Deixei o sepulcro vazio; a morte não me segurou; a pedra que então me prendia, no terceiro dia rolou. – **Eis que faço novas todas as coisas.** – Eu hoje lhe dou vida nova; renovo em você o amor; lhe dou uma nova esperança; tudo o que era velho passou. – **Eis que faço novas todas as coisas.**"

5º DIA – PÁSCOAS E PASSAGENS SÃO FREQUENTES EM NOSSA VIDA

Oração inicial (Reze um Pai-nosso (cf. início da novena) e trechos do Sl 27 (cf. final da novena).)

Palavra do Bom Pai: Meu filho, sei que você ainda tem perguntas sobre a passagem para a eternidade. Hoje, novamente lhe envio o meu anjo para dar as orientações que você precisa. Abre o seu coração para ele!

Palavra do anjo bom: Paz e harmonia para você! Sei que você está se abrindo mais e mais para a beleza da Páscoa e eu fui enviado para iluminá-lo. Pode falar.

Você: Se a você me confiou a piedade divina, sempre me rege e guarde, governe e ilumine. Amém. Devagar começo a entender as coisas, e assim vou me consolando. Assim encontrei no livro da Sabedoria: "Quanto às almas dos justos, estão nas mãos de Deus, e nenhum tormento as atingirá. Aos olhos dos insensatos parecem estar mortos: sua saída do mundo foi considerada uma desgraça, e sua partida de nosso meio, um aniquilamento; eles, porém, estão em paz. [...] No momento da visita divina brilharão e correrão como centelhas através da palha" (Sb 3,1-3.7). Mas por que todos nós devemos passar pela morte? Não poderia ser diferente, todos mergulhando na felicidade eterna, sem passar por ela?

Palavra do anjo bom: Claro que poderia ser diferente. Mas não se esqueça que Páscoa significa "passagem". O povo de Deus vivia escravizado no Egito. E aconteceu a Páscoa, a 'passagem', e eles entraram na terra prometida. O bebezinho, na barriga da mamãe, também gostaria de lá permanecer para sempre; constantemente na maciez do útero materno. Mas acontece algo extraordinário: uma páscoa; uma feliz passagem para um mundo bem maior, com mais luz, mais beleza, maiores possibilidades. Depois, a criança faz sua passagem para a infância, para a adolescência, a juventude, vida adulta, e finalmente para a "vida para valer". Tudo são passagens para algo melhor. A ressurreição de Jesus é também passagem. Nesta festa, vocês e Cristo celebram a passagem de sua morte para a vida. Vida transbordante de amor, de beleza e plena felicidade.

Você: Bom anjo, magníficas e claras suas palavras. Estou encantado. Deixe-me louvar o Bom Pai: Digno de louvor é o Senhor que fez com que a morte se transformasse em Páscoa: Ela é um passar do tempo para a eternidade radiosa; é um passar da estreiteza dessa vida limitada para uma vida aberta ao infinito; das trevas para a luz. Numa palavra, é um passar de nossa vida limitada para os seus braços amorosos de Bom Pai, que quer nos coroar de glória. – Bom anjo, minhas ideias estão indo longe demais. Será que a Bíblia confirma o que eu penso?

Palavra do anjo bom: Veja a clareza de Paulo, escrevendo aos fiéis de Corinto: "Mas alguém perguntará: Como ressuscitam os mortos? Insensato! O que você semeia, não nasce sem antes morrer. E, quando você semeia, não semeia o corpo da planta, que há de nascer, mas o simples grão, como o de trigo ou de alguma outra planta" (1Cor 15,35-37).

Você: Que beleza! Tudo está ficando mais claro. Estou aprendendo que o corpo ressuscitado está para o corpo atual como um pé de milho ou de trigo está para a simples sementinha que foi semeada. Como o pé de milho e de trigo, com suas folhas, espigas, grãos e mais grãos, são mais ricos que a simples semente semeada! Esta se compara ao nosso corpo atual, e a riqueza da planta cheia de grãos ao nosso corpo ressuscitado.

Palavra do anjo bom: É fantástico o que o Bom Pai preparou para todos os seus filhos. Quem captou essa revelação foi Paulo. Veja como ele escreveu: "Pois assim será também a ressurreição dos mortos. Semeia-se em corrupção e ressuscita-se em incorrupção. Semeia-se em ignomínia, e ressuscita-se em glória. Semeia-se em fraqueza, e ressuscita-se em vigor. Semeia-se um corpo animal, e ressuscita-se um corpo espiritual" (1Cor 15,42-44). Assim como o bebê se liberta da placenta, agora inútil para ele, assim nós, em nossa morte, nos libertamos do corpo carne. Perde-se o corpo carnal e surge o corpo espiritual para você livremente mergulhar no infinito, na beleza, em comunhão com tudo o que há de belo, de amor, de felicidade.

Na alegria, um cântico: Ó morte, onde está tua vitória? Cristo ressurgiu. Honra e glória! 1) Não temos medo de nada. Cristo ressuscitou. A morte foi derrotada. Cristo ressuscitou. 2) As trevas foram vencidas. Cristo ressuscitou. Cadeias foram rompidas. Cristo ressuscitou.

6º DIA – BENTO XVI NOS EXPLICA O QUE É A RESSURREIÇÃO

Oração inicial (Reze um Pai-nosso (cf. início da novena) e trechos do Sl 27 (cf. final da novena).)

Para início de conversa, sábios falam com otimismo sobre a passagem para uma vida melhor: O teólogo Leonardo Boff, vendo a vida como num todo, acaba considerando a morte como uma sábia invenção da própria vida, para poder continuar num outro nível mais alto e realizar seu propósito de expansão. Assim, ele franciscanamente descreve a importância da passagem pela morte, não como um fracasso, mas como um dos momentos da própria vida, tal o momento de nascer ou como uma cura total de sua ânsia de infinito e de vontade de viver: "Ela é a irmã que vem nos tomar pela mão e nos conduzir para uma forma mais complexa e mais alta de vida".

Louvores baseados nas palavras de Leonardo Boff: Cristo, louvo o Senhor porque a morte não é um fim puro e simples, mas um peregrinar para a Fonte Originária de toda vida. Bendito seja quem planejou fatos maravilhosos, pois não vivemos para morrer; mas morremos para ressuscitar e para viver mais e melhor! Glorifico o seu nome porque a morte não é um bruto final de vida; mas um transfigurar em feliz passagem para a plenitude.

O Papa Bento XVI nos ensina que a fé na ressurreição nos leva à entrega total nas mãos de Cristo: Assim falou o Papa Bento XVI, em março de 2008: "Queridos irmãos e irmãs, devemos constantemente renovar a nossa adesão a Cristo, morto e ressuscitado por nós: a sua Páscoa é também a nossa Páscoa porque, em Cristo ressuscitado, nos é dada a certeza da nossa ressurreição. A notícia da sua ressurreição dos mortos não envelhece e Jesus está sempre vivo; e vivo é o seu Evangelho". A seguir, o sumo pontífice nos encoraja a nos entregar a Cristo morto e ressuscitado: "Se faltar na Igreja a fé na ressurreição, tudo para, tudo desmorona. Ao contrário, a adesão do coração e da mente a Cristo morto e ressuscitado muda a vida e ilumina toda a existência das pessoas e dos povos. Não é porventura a certeza de que Cristo ressuscitou que dá coragem, audácia profética e perseverança aos mártires de todos os tempos?"

Ato de fé, baseado nas palavras de Bento XVI: Cristo, em suas mãos eu coloco toda a minha vida. Porque eu o amo, aceito, sem medo algum, o seu plano de amor sobre mim. Aceito o Senhor como meu único Senhor. Creio que a Páscoa desperta em nós um poder sempre novo. Creio que, pela força da ressurreição, a derrota se transforma em vitória e a morte se transforma em vida.

7º DIA – CELEBRE A RESSURREIÇÃO DE JESUS!

Oração inicial (Reze um Pai-nosso (cf. início da novena) e trechos do Sl 27 (cf. final da novena).)

Procuraram entre os mortos aquele que já estava vivo: Passado o sábado, ao amanhecer do primeiro dia da semana Maria Madalena e a outra Maria vieram ver o sepulcro. Subitamente houve um grande terremoto, pois um anjo do Senhor desceu do céu, aproximou-se, rolou a pedra do sepulcro e sentou-se nela. O seu aspecto era como o de um relâmpago, e sua veste, branca como a neve. Paralisados de medo, os guardas ficaram como mortos. O anjo, dirigindo-se às mulheres, disse: "Não tenham medo. Sei que procuram Jesus, o crucificado. Ele não está aqui! Ressuscitou conforme tinha dito. Venham ver o lugar onde estava" (Mt 28,1-6).

Cheio de alegria, celebre a ressurreição de Cristo com o hino *Exulte*!, o qual é cantado na noite de Páscoa!: Exulte de alegria a multidão dos anjos; exultem de Deus os ministros; soe a triunfal trombeta, esta vitória de um tão grande rei! Alegre-se também, ó terra nossa, que em tantas luzes agora resplandece! Veja como foge do universo a treva, enquanto fulge a luz do eterno rei! Alegre-se também, ó Mãe Igreja, ornada inteira de esplendor divino! Escute como vibra neste templo a aclamação do povo?

Na verdade, é nosso dever e salvação cantar, de coração e a plena voz, ó Pai todo-poderoso, Deus invisível, e seu único Filho, Jesus Cristo Senhor nosso. Foi Ele quem pagou por nós ao Pai eterno o preço da dívida de Adão. Foi Ele quem apagou, só por amor, no sangue derramado, a condenação da antiga culpa.

Eis, pois, a Festa da Páscoa, na qual foi posto à morte o verdadeiro Cordeiro [...].

(Depois de celebrar a Páscoa que libertou os hebreus do Egito, o hino celebra a ressurreição de Cristo.) Eis a noite em que o Cristo, quebrando os vínculos da morte, sai vitorioso do sepulcro. Oh! imensa comiseração da sua graça! Imprevisível amor para conosco: a fim de resgatar o escravo, o Senhor entrega seu Filho.

Ó pecado de Adão, sem dúvida necessário, pois a morte do Cristo o destrói! Bendita culpa, que nos vale um semelhante Redentor! Pois o poder santificante desta noite expulsa o crime e lava as culpas; devolve a inocência aos pecadores, a alegria aos aflitos, dissipa o ódio, prepara a concórdia, desarma os impérios. Noite em que o céu se une à terra, e o homem com Deus se encontra.

(Agora o hino passa a celebrar a grande vela, círio pascal, que representa Cristo, a luz do mundo.) Na graça desta noite, acolha, Pai

Santo, como sacrifício de louvor vespertino, a chama que sobe desta coluna de cera que a Igreja, por nossas mãos lhe oferece. Por isto, Senhor, lhe pedimos: faça que este círio pascal, consagrado ao seu nome, brilhe sem declínio e afugente as trevas desta noite. Que o astro da manhã o encontre ainda aceso, aquele que não conhece ocaso: o Cristo ressuscitado dos mortos, que espalha sobre os homens sua luz e sua paz. Ele que com o Senhor vive e reina, na unidade do Espírito Santo. Amém.

 Hino final, celebrando o amor do Bom Pai, que amou tanto o mundo a ponto de enviar o seu único filho, não para condenar o mundo, mas para que ele fosse salvo: Por sua morte a morte viu o fim. Do sangue derramado a vida renasceu. Seu pé ferido nova estrada abriu e, neste Homem, o homem enfim se descobriu.

Meu coração me diz: O amor me amou e se entregou por mim. Jesus ressuscitou. Passou a escuridão; o sol nasceu; a vida triunfou. Jesus ressuscitou.

Jesus me amou e se entregou por mim. Os homens todos podem o mesmo repetir. Não teremos mais a morte e a dor; o coração humano em Cristo descansou.

8º DIA – COMO O CÉU É BONITO!

Oração inicial (Reze um Pai-nosso (cf. início da novena) e trechos do Sl 27 (cf. final da novena).)

Palavra do vidente (Ap 21,2-4.6-7): Deixe-me contar a você as maravilha que andei vendo, numa visão fantástica: "Vi a cidade santa, a nova Jerusalém, que descia do céu do lado de Deus, ornada como uma esposa se enfeita para o esposo. Ouvi uma voz forte do trono, que dizia: 'Eis a tenda de Deus entre os homens. Ele levantará sua morada entre eles e eles serão seu povo e o próprio Deus-com-eles será o seu Deus. Enxugará as lágrimas de seus olhos e a morte já não existirá nem haverá luto, nem pranto, nem fadiga, porque tudo isso já passou'. E Deus pôs-se a falar: 'A quem tiver sede, darei gratuitamente água da fonte da vida. Quem vencer, herdará estas coisas e serei seu Deus e ele será meu filho'".

Você: Que encanto saber que o céu é viver como filho amado de Deus, sem dor, sem sofrimento, sem nenhuma lágrima! Fale mais do que você viu!

Palavra do vidente (Ap 21,10-11.18-19. 23-26): Um anjo então foi me orientando: "Ele me levou em espírito a um grande monte bem alto e mostrou a cidade santa, Jerusalém, que descia do céu, da parte de Deus. Tinha a glória de Deus, seu brilho era semelhante à pedra mais preciosa, como uma pedra de jaspe cristalina [...]. O muro era de jaspe e a cidade de ouro puro, semelhante ao cristal puro. As pedras fundamentais do muro da cidade eram de todo gênero de pedras preciosas [...]. A cidade não tem necessidade de sol nem de lua que a iluminem. Pois a glória de Deus a ilumina e sua luz é o Cordeiro. Em seu fulgor caminharão as nações e os reis da terra levarão até ela sua glória. As portas não se fecharão durante o dia, pois não haverá noite, e levarão até ela a glória e a honra das nações".

Você: Que beleza! Só luz e felicidade para sempre. Em verdade ninguém conseguiria descrever o céu tal como ele é, pois é uma coisa que vai além das palavras.

Palavra do vidente: Suas palavras combinam bem com as de meu amigo Paulo que assim escreveu: "O que os olhos não viram, nem os ouvidos ouviram, nem o coração humano imaginou, tais são os bens que Deus tem preparado para aqueles que o amam" (1Cor 2,9). O céu é tão lindo, é tão bom que nada poderia se comparar com ele, a ponto de Jesus assim afirmar: "De que vale o homem ganhar o mundo inteiro se vier a perder a vida eterna?" (Mc 18,36); Jesus disse mais: "Os justos resplandecem no céu" (Mt 13,43).

Você: Isto é lindo de morrer. A sua revelação dá sentido à nossa vida. O céu é o fim último e a realização das aspirações mais profundas do homem, o estado de felicidade suprema e definitiva. Viver no céu é "viver com Cristo".

Palavra do vidente (Ap 21): Que tal você repetir comigo a profissão de fé, formulada pelo Papa Paulo VI? Comecemos: "Cremos que a multidão daqueles que estão reunidos, em torno de Jesus e de Maria no paraíso, forma a Igreja do céu. Cremos que aqueles que estão na beatitude eterna veem a Deus como Ele é. Cremos que os que estão no céu estão também, em graus diversos, associados com os santos anjos ao governo divino exercido pelo Cristo na glória, intercedendo por nós e ajudando nossa fraqueza por sua solicitude fraterna".

Alguém de nosso meio já foi elevado ao céu, com corpo e alma. Como rainha do céu e da terra, Maria é nossa mãe. Eleve a ela seus louvores e lhe peça um lugarzinho neste lugar tão lindo: Salve, rainha, mãe de misericórdia, vida, doçura, esperança nossa! Salve! A vós bradamos os degredados filhos de Eva. A vós suspiramos, gemendo e chorando neste vale de lágrimas. Eia, pois, advogada nossa, esses vossos olhos misericordiosos a nós volvei. E, depois deste desterro, mostrai-nos Jesus, bendito fruto do vosso ventre. Ó clemente, ó piedosa, ó doce sempre Virgem Maria. Rogai por nós, Santa Mãe de Deus, para que sejamos dignos das promessas de Cristo. Amém.

9º DIA – CELEBRANDO A RESSURREIÇÃO DE QUEM AMO

Comece fazendo o sinal da cruz e proclamando sua fé. Creio que meu Redentor vive e que ressuscitarei no último dia; em minha própria carne verei a Deus, meu Salvador; eu mesmo o verei, e não outro, contemplando-o com os meus olhos; em minha própria carne verei a Deus, meu Salvador.

Mergulhe nas profundezas das palavras de Cristo: Jesus disse a Marta: "Eu sou a ressurreição e a vida. Quem crê em mim, ainda que esteja morto, viverá. E quem vive e crê em mim jamais morrerá". Crê isto?" "Sim, Senhor – respondeu ela –, creio que o Senhor é o Cristo, o Filho de Deus, que devia vir a este mundo" (Jo 11,25-27).

Louvores pela ressurreição de seu amigo ou parente: Ó Deus, para quem todos os mortos vivem, e por quem nossos corpos não perecem ao morrer, mas mudam-se em algo mais sublime; louvamos o Senhor porque, pelas mãos de seus santos anjos, se dignou receber a alma de nosso irmão [N.], de tal modo que ele foi conduzido ao seio de seus patriarcas, onde não existe tristeza, dor, ou suspiros, e onde os seus fiéis desfrutam de uma feliz alegria. Nós louvamos o Senhor porque Ele lhe fez partícipe, entre seus santos e eleitos, daquela glória eterna que nem o olho viu, nem o ouvido ouviu, nem o homem pôde imaginar e que diligentemente o Senhor tem preparado para ele. Por Nosso Senhor Jesus Cristo, seu Filho, na unidade do Espírito Santo.

[N.], o coro dos anjos o recebeu e o acolheu no seio de Abraão, para que, juntamente com o pobre Lázaro, tenha um descanso eterno. Os anjos o conduziram ao paraíso; acolheram-no os mártires à sua chegada e o introduziram na cidade santa de Jerusalém.

Bom Pai, nós o bendizemos porque recebeu a alma de seu servo que voltou para o Senhor. Amém. Nós o bendizemos porque o Senhor cobriu-o com uma veste celestial e lavou-o na fonte da vida eterna. Amém. Nós o bendizemos porque ele tem parte com os que se alegram no Senhor. Amém. Nós o bendizemos porque com os anjos e arcanjos ele vê sempre a sua glória. Amém. Nós o bendizemos porque ele canta com os que cantam o cântico novo. Amém.

 Hino final: Glória para sempre ao Cordeiro de Deus; a Jesus, o Senhor; ao Leão de Judá; à Raiz de Davi, que venceu e o livro abrirá. O céu, a terra e o mar e tudo o que neles há o adorarão e proclamarão: Jesus Cristo é o Senhor.

Ele é o Senhor (2 x). Ressurrecto dentre os mortos, Ele é o Senhor. Todo o joelho se dobrará; toda a língua proclamará que Jesus Cristo é o Senhor.

***

Conheça a vida de um grande santo brasileiro, Pe. Alderígi, cujo processo de beatificação começou em 2001. Esse santo, poderoso em milagres, viveu dia por dia a esperança da ressurreição. Estes três livros foram escritos pelo autor dessa novena: *Alderígi: gigante com olhos de criança.* • *Alderígi: perfume de Deus em frasco de argila.* • *Novena pedi e recebereis* (todos publicados pela Ed. Vozes).